Inhalt

50 Milliarden Euro für Aufstocker - der Mindestlohn erhält weitere Fürsprecher

Kernthesen

Beitrag

Fallbeispiele

Weiterführende Literatur

Impressum

50 Milliarden Euro für Aufstocker - der Mindestlohn erhält weitere Fürsprecher

R. Reuter

Kernthesen

- Seit Einführung von Hartz IV musste die öffentliche Hand 50 Milliarden Euro an Beschäftigte zahlen, die von ihrem Lohn nicht leben können.
- Die immense Summe stärkt die Forderung der Gewerkschaften und der Opposition nach einem flächendeckenden Mindestlohn.
- Gegner des Mindestlohns werfen ein, dass den sogenannten Aufstockern hiermit nicht

geholfen werde, da das vordringliche Problem nicht der niedrige Lohn, sondern die zu geringe Zahl an Arbeitsstunden sei.

Beitrag

Lohnsubventionen in schwindelerregenden Höhen

Ein Bericht der Frankfurter Rundschau hat vor wenigen Wochen für Aufsehen gesorgt. Die Zeitung berichtete, dass seit der Einführung des Hartz-IV-Systems 50 Milliarden Euro an solche Arbeitnehmer gezahlt worden sind, die von ihrem Lohn alleine nicht leben können. Diese Zahlungen an die sogenannten Aufstocker sind demnach über die Jahre kontinuierlich gestiegen, von acht Milliarden Euro 2005 auf elf Milliarden Euro 2009. Vor der Einführung von Hartz IV gab es lediglich 50 000 Vollzeitbeschäftigte, deren Einkommen aufgestockt werden musste; heute sind es 355 000. Insgesamt beträgt die Zahl der Aufstocker 1,3 Millionen. Die Zahlen scheinen Arbeitslosenverbänden, Gewerkschaften und der Opposition Recht zu geben, die die Unternehmen beschuldigen, auf Kosten des Steuerzahlers Lohndumping zu betreiben. So habe sich die Zahl der vollzeitbeschäftigten Aufstocker seit dem Jahr 2000 verzehnfacht. (1), (2)

Niedriglohnsektor wächst und wächst

In keinem Land Europas hat sich der Niedriglohnsektor stärker ausgebreitet als in Deutschland. 6,6 Millionen Beschäftigte erhalten hierzulande weniger als zwei Drittel des mittleren Stundenlohns - das sind 20 Prozent aller Arbeitnehmer. Damit ist der deutsche Niedriglohnsektor fast doppelt so groß wie der in Frankreich. Auffällig ist dabei, dass die deutschen Billigarbeiter keineswegs schlecht qualifiziert sind. Einer Studie zufolge haben fünf von sechs Aufstockern eine Berufsausbildung, womit sich der Sektor von der Entwicklung in den USA deutlich unterscheidet: Hier sind die Working Poor vor allem Unqualifizierte. (1)

Leiharbeiter am stärksten vertreten

Die meisten der 1,3 Millionen Aufstocker arbeiten im Dienstleistungssektor. Der größte Teil der

Aufstockungsgelder geht dabei an Leiharbeiter. Zwölf Prozent von ihnen erhalten ergänzend zu ihrem Lohn Hartz IV. In der Landwirtschaft sind es 3,9 Prozent der Beschäftigten. Besonders viele Aufstocker gibt es auch im Einzelhandel. Hier wurde insbesondere der Firma Schlecker der Vorwurf gemacht, mit Billiglöhnen zu arbeiten. Dass der Einzelhandel davon fallweise abgerückt ist und mittlerweile Tariflöhne bezahlt, kommt den Beschäftigten häufig nicht zugute: Ihnen werden die Stunden gekürzt, so dass sie am Ende trotz tariflicher Bezahlung keinen Cent mehr auf dem Lohnzettel haben. Auch die Call-Center-Branche nutzt die ergänzenden Leistungen der Arbeitsagenturen aus. Dort gaben 2007 von 2 000 Befragten 23 Prozent an, zusätzlich Sozialleistungen zu beziehen. [1]

Forderung nach Mindestlohn

Bei den Gewerkschaften hat die veröffentlichte Summe von 50 Milliarden Euro ein starkes Echo hervorgerufen. Es sei ein Skandal, dass der Steuerzahler die Unternehmen seit 2005 mit dieser enormen Summe subventioniert habe. Zur Lösung des Problems erneuerten die Arbeitnehmervertreter ihre Forderung nach einem flächendeckenden Mindestlohn. Die Grünen forderten ein Anti-Armutsprogramm für den Arbeitsmarkt, das neben der Einführung von Mindestlöhnen eine Kindergrundsicherung und eine Erhöhung des Wohngeldes beinhalten soll. (3)

DGB legt nach

Der Deutsche Gewerkschaftsbund hat seine Mindestlohnforderung bereits im Mai um einen Euro auf 8,50 Euro erhöht. Zuvor waren 7,50 Euro gefordert worden. Der DGB weist dabei darauf hin, dass Beschäftigte in Niedriglohnbranchen nicht nur heute unter der Dumpingpraxis zu leiden hätten, sondern damit rechnen müssen, wegen niedriger Einzahlungen später von Altersarmut bedroht zu sein. Der Dachverband führt an, dass es in 20 der 27 Euro-Länder bereits Mindestlöhne gebe. (4)

Politik wiegelt ab: Hauptproblem ist die geringe Zahl an Arbeitsstunden

Bei der Politik stoßen die Forderungen freilich nach wie vor auf taube Ohren. So tritt das Bundesarbeitsministerium den Gewerkschaften mit dem Argument entgegen, dass nicht allein Mini-Jobber und Arbeitnehmer mit niedrigen Löhnen zu den Aufstockern gehörten. So könnte auch bei einem Stundenlohn von zwölf Euro ergänzendes Hartz IV nötig werden, wenn die Stundenzahl gering ist. (1)

Auch die Unternehmen selbst verweisen darauf, dass Mindestlöhne jenen gar nicht helfen können, die infolge von Mini-Jobs oder Teilzeitbeschäftigung zu wenig zum Leben haben. Die finanzielle Situation dieser Beschäftigten sei durch die geringe Stundenzahl verursacht, die sie arbeiteten - und erst in zweiter Linie durch die Lohnhöhe. Tatsächlich waren zuletzt von den 1,3 Millionen Aufstockern 918 000 nur in Teilzeit beschäftigt oder hatten einen Mini-Job. Zudem seien es bei den Vollzeitbeschäftigten vor allem Familien mit mehreren Kindern, die ergänzend Hartz IV benötigten, während es nur 70 000 Vollzeit arbeitende Singles seien, die aufstocken müssten. Dies seien gerade einmal 0,3 Prozent der Beschäftigten, so das Institut der Deutschen Wirtschaft. Nur eine Minderheit der Niedriglohnbezieher sei daher armutsgefährdet, so das Forschungsinstitut weiter. (1)

Mindestlohn ohne Effekt?

Experten haben errechnet, dass ein gesetzlicher Mindestlohn von acht Euro die Zahl der heute 1,3 Millionen Aufstocker tatsächlich kaum senken würde. Sie warnen davor, dass gesetzlich verankerte

Lohnhöhen das Wunder am Arbeitsmarkt, das die deutsche Wirtschaft derzeit feiert, zunichtemachen könnten. Die Alternative für die Betroffenen bestünde dann zumeist in Arbeitslosigkeit und damit vollständiger Abhängigkeit von Sozialleistungen. Zudem weisen sie darauf hin, dass es einmal politischer Konsens gewesen war, Menschen lieber in Arbeit zu bringen statt sie untätig zu Hause sitzen zu lassen. (2)

Trends

Aktionen gegen Leiharbeit

Der Deutsche Gewerkschaftsbund (DGB) hat der von Lohndumping besonders betroffenen Leiharbeitsbranche den Kampf angesagt. Geplant sind massive Protestaktionen, die auch die Unternehmen treffen sollen. Auch gegen die Sparpolitik der Bundesregierung will der Dachverband zu Felde ziehen, da sie einseitig zu Lasten von Arbeitnehmern und Arbeitslosen gehe. Die Protestaktionen sollen noch in diesem Monat beginnen. (7)

Union schwenkt um

Die Union hat den Druck auf ihren Koalitionspartner FDP erhöht, einem gesetzlichen Mindestlohn für die rund 750 000 Beschäftigten der Zeitarbeitsbranche zuzustimmen. Der Schwenk hat allerdings weniger die Situation der Aufstocker, als vielmehr die ab nächstem Jahr geltende Freizügigkeit für Arbeitnehmer aus den osteuropäischen EU-Ländern im Visier. Ein Mindestlohn für die Zeit- und Leiharbeiter soll dabei helfen, den erwarteten Zustrom osteuropäischer Arbeitnehmer zu verhindern. Diskutiert wird auch die Möglichkeit der Aufnahme der Zeitarbeit in das Arbeitnehmer-Entsendegesetz. Damit würde der Gesetzgeber deutlich machen, dass er nicht gewillt ist, wettbewerbswidrige Löhne in der Zeitarbeitsbranche hinzunehmen. (6) , (8)

Fallbeispiele

Luxemburgs Premierminister kritisiert Hartz-IV-Reformen

Jean-Claude Juncker hat scharfe Kritik an der deutschen Lohnpolitik geübt. Die Beschäftigten würden zu niedrige Gehälter bekommen, was dazu führe, dass der Aufschwung in Deutschland auf Kosten der EU-Nachbarn eingesetzt habe. Insgesamt attestierte Juncker der deutschen Gesamtwirtschaft und der Tariflandschaft eine Fehlentwicklung. So hätten die Löhne in Luxemburg seit 1999 um 41 Prozent zugelegt, in Deutschland gerade einmal zwölf Prozent. Der Europa-Politiker bemängelte, die Hartz-IV-Reformen hätten ganze Teile der Bevölkerung in den Niedriglohn-Sektor hinab gedrückt. (5)

Weiterführende Literatur

(1) Niedriglöhner kosten Milliarden
aus Handelsblatt Nr. 155 vom 13.08.2010 Seite 12

(2) Teure Billiglöhne
aus Handelsblatt Nr. 155 vom 13.08.2010 Seite 6

(3) Grüne verlangen Anti-Armutsprogramm für Arbeitende
aus Frankfurter Rundschau vom 13.08.2010, Seite 4

(4) Bundeskongress DGB fordert nun 8,50 Euro Mindestlohn
aus HANDELSBLATT online 18.05.2010 18:10:15

(5) Juncker wirft Deutschen Lohn-Dumping vor
aus Saarbrücker Zeitung vom 13.08.2010

(6) Mindestlohn statt Freizügigkeit

aus Frankfurter Allgemeine Zeitung, 02.09.2010, Nr. 203, S. 13

(7) Gewerkschaften planen Aktionen gegen Leiharbeit
aus LVZ/Leipziger-Volkszeitung, 07.09.2010, S. 7

(8) Tarifkonkurrenz in der Zeitarbeit und Staatsintervention
aus Betriebs Berater Heft 6/2010 Seite 315

Impressum

50 Milliarden Euro für Aufstocker - der Mindestlohn erhält weitere Fürsprecher

Bibliografische Information der deutschen Nationalbibliothek

Die Deutsche Nationalbibliothek verzeichnet diese Publikation in der deutschen Nationalbibliografie; detaillierte bibliografische Daten sind im Internet über http://dnb.d-nb.de abrufbar.

ISBN: 978-3-7379-0955-6

© 2015 GBI-Genios Deutsche Wirtschaftsdatenbank GmbH, Freischützstraße 96, 81927 München, www.genios.de

Alle Rechte vorbehalten. Dieses Werk ist einschließlich aller seiner Teile – z.B. Texte, Tabellen und Grafiken - urheberrechtlich geschützt. Jede Verwertung außerhalb der Grenzen des Urheberrechtsgesetzes bedarf der vorherigen Zustimmung des Verlags. Dies gilt insbesondere auch für auszugsweise Nachdrucke, fotomechanische

Vervielfältigungen (Fotokopie/Mikroskopie), Übersetzungen, Auswertungen durch Datenbanken oder ähnliche Einrichtungen und die Einspeicherung und Verarbeitung in elektronischen Systemen.